Merci infiniment aux revues qui ont accepté de publier quelques-uns de ces poèmes (certains ont été modifiés depuis) : Dièrèse, Interventions à Haute Voix, Phoenix.

Dix poèmes de ce recueil sont parus en édition bibliophilique sous le titre « ici » avec onze dessins originaux de Serge Chamchinov, Collection Sphinx Blanc, 2018.

Illustration de couverture : Cécile Miguel.

Ici

Pierre Schroven

Ici

l'Arbre à paroles

Ici
On ne tire sa plus profonde pensée que de l'eau
des nuages et du vent
On vit la vie et pas seulement la sienne
On appelle ce qui vient
Et avec un courage que nul ne comprend
On se donne au vouloir mystérieux d'une route
que personne ne prend

Il n'y a rien à réparer dans le monde
rien à sauver
Feu ouvert je l'accepte tel qu'il est
Tel qu'il va au-delà de moi
Tel qu'il bouleverse tout en moi
Et chante pour des images inconnues

Le désir est dans l'air
Inaugure ce qui est et je ne sais quoi de plus
                                        qui n'est pas moi
Son ivresse me tient
Remet l'espace et la lumière au centre de mon être
Jusqu'à ce que la vie m'apparaisse dans sa vérité
Et non dans la mienne

Entrer dans sa vie
C'est être soi
        sans adhérer à soi
Ne plus savoir
Ne vouloir que ce qu'on est
Un courant d'air traversé d'une chaleur animale

Que de mots à bannir
Pour s'absenter de soi
Vivre sans se répéter
Imposer au monde d'être
Lui donner ce qui nous porte
Et accomplir la vie qui nous a fait tel que nous sommes

Être
    c'est découvrir l'autre
Forger un monde
Y dévoyer celui qu'on est
Pour faire de soi un phare dont la lumière traverse
des pays effacés
Et cueille à pleines mains des fleurs que le désir irrigue

C'est par le ventre
Qu'il faut faire sortir le cri de la force
C'est dans le ventre que le souffle descend
Crée son vide ouvre une route
                    bouscule le repos des sens
Et couve notre mise à feu

Trouver le bon mot
Celui qui fuit les bonnes causes
Ne bouge qu'en silence
Me met au placard
Et signe l'heure d'un monde
qui n'est nulle part

Ici
Nul ne s'étonne de la paix de cet homme qui s'abandonne
se détache de tout
S'accommode de toutes les variétés d'existence
Longe les murs de peur qu'on le reconnaisse
Pour devenir celui qui dit oui à tout ce qui l'emporte
Et le délivre de l'obligation d'être quelqu'un

Ici
Le temps n'avance pas
Semble être une prière
Un silence sur la mer
Une joie qui palpite à travers le feu
                                une pierre dressée vers le ciel
Pour inaugurer un lieu où par bonheur
La vie n'a pas de plan pour moi

Ici
Pas plus qu'ailleurs
On n'a prise sur rien
Le monde est sans réponse
Se trouve défait de tout contenu
Caractérise le feu invisible d'un geste
Ayant toujours en tête de n'arriver nulle part

Ici
On fait une haie d'honneur à cette vie plus grande que soi
On est au monde comme n'y étant pas
On met tout en œuvre pour que les mots n'oublient pas
la blancheur sur laquelle ils se posent
Agissent par ce qu'ils sont et non par ce qu'ils représentent

À l'instant même où tu souris
l'air me porte
L'amour en personne avance en moi
comme un nouveau langage
Moissonne un silence qui sous l'effet de la chaleur
scintille de soleil bleu

Comme la vie est belle
Quand la vie qu'on veut
Est précisément la vie qu'on a
Quand les choses se font toutes seules
Éclosent en même temps que la lumière
Dans la beauté d'un œil qui ne reconnaît plus rien

Ici
Le réel ne se refuse pas
Il est ce qui est sans alternative
On n'a qu'à le toucher pour que notre vie chante
                                        naisse de partout
Et marche là où aucun chemin n'existe

Dans certains continents
On ne s'enferme pas dans une vision
On ne s'enlise pas en elle
Car on sait à quelle vitesse tout à peine né
disparait
Et vomit tout ce qui porte un nom

C’est curieux
quand je m’arrête
Je me sens être
Une pensée me vient de loin
Fait vaciller en moi l’image du monde
Et dessine dans l’air les contours d’un silence
Me rappelant que chaque jour reste à voir

Il y a dans le monde
Une invite à ne jamais se retourner
À se servir de son esprit comme d'un miroir
qui accueille tout et ne conserve rien
À vivre le présent dans le présent
Avec la seule préoccupation d'embellir l'existence

Dans le bruit léger que fait le pain
Quand il tremble dans tes mains
Il y a le oui de la vie l'été à la fenêtre la caresse de l'instant
Quelque chose de plus pur limpide transparent
Et un fond de silence qu'on ne peut considérer
sans vertige

Ici
La vie devient très douce
Quand on comprend que ce n'est pas nous qui la vivons
Que rien n'existe tel que nous le pensons
Que l'on n'est pas son corps
Et que plus on parle du monde
plus on s'en éloigne

Ici
Rien n'est
    tout advient
S'absente de soi
A le besoin périodique de se brancher
                        sur la fréquence d'un mot
Ayant pour seul but la mise en cause de tout

Signes indiens vont librement dans le ciel
Sur ce chemin non balisé
Attentif à ma respiration
Je ne les perds pas de vue
Dérive vers l'infini d'un temps
que personne ne prend

À la fin de chaque jour
                je m'arrête
Laisse passer ce qui passe
Supprime ce que j'ai en vue
Et dans la fuite glissante des choses
J'oublie d'être quelqu'un
Fais entrer dans ma bouche un long silence
Puis j'attends dans le noir
                que ma vie bascule
Dans le chaos d'une extase

Ici
Celui qui n'a plus rien
Accueille ce qui se présente
S'éveille au miracle d'être en vie
Ose se reposer
            ne rien faire
Et loin de la fixité des heures
Complètement indifférent au destin du monde
Chante au milieu du soleil
Sans savoir s'il verra demain

La tête dans les nuages
Les pieds sur terre tout lâcher
Au lieu de nier le monde y coïncider
Les bras ouverts appeler
Car tout coopère spontanément et de plein gré
N'attend rien ni personne
Ne tient jamais son être pour entièrement achevé
Marche sur deux chemins à la fois
Et s'ouvre immensément à la joie d'être vivant

Le vide n'est pas le néant
C'est l'absence de forme
Planté au centre d'un tourbillon
Il a entre les doigts un ciel immense
qui donne du jeu au possible
Et rend l'œil à ses années folles

L'œil collé à la fenêtre
Tu fixes des points de clarté
Goûte le ciel et la terre
Et avec la conviction que seul ce monde existe
Tu remercies la lumière du jour
De bien vouloir vivre en toi
Comme si la mort n'existait pas

Herbe folle
La poésie cherche d'où vient le bon vent
Chante toutes les joies de l'indéfinissable
Permet à chaque parole de se poser sur sa lueur
Et de mettre le nez à la fenêtre d'un ailleurs
Epris de souffles et de battements de coeur

J'ignore le nom que je porte
Ne veut pas le savoir
Seul m'importe de laisser ma respiration faire doucement
son chemin
Rendre compte de tout mon amour
Et vivre d'une lumière pour qui demain n'existe pas

Griserie de se sentir vivant
D'avoir ce qu'on veut de vouloir ce qu'on a
D'être sa propre graine de la cultiver
De se blottir au creux d'un mot
Éclairant le ciel de son désir joyeux

Ici
Le goût de vivre persiste
La nature est prodigue
Nous traverse de sa lumière
S'ouvre aux cris d'une liberté
Faisant venir au jour
l'aubaine de recommencer son être

Debout et nue dans le soleil
Une joie sans pareil prend pied dans ma tête
Me conduit au-delà des mots
Jusqu'à ce que je ne sois plus qu'une vie
Qui ne sait plus où vont ses yeux
Et ne nomme que les endroits où le cœur se retrouve

Ici
L'homme en général est anecdotique
N'a rien à dire en particulier
rien à faire
Sinon s'asseoir pour observer
Fermer un instant les yeux pour s'oublier
Jusqu'à ce que les traces de sa route se perdent dans le vent
Deviennent sensibles au mouvement des astres
Et au chant du monde qui nous enlace

Enfin seul avec la joie
Espace ouvert à perte de vue
Calmement je converse avec elle
Tient sa douce main
                    flamme légère
Puis sans parole aucune l'esprit en repos
J'aspire le plus d'air possible avant de m'effacer
                                        devant la vie qui me porte
Cesse de n'être plus quelques mots convenus
Pour devenir tout autre chose que moi-même

Quel poème pourrais-je écrire
Pour qu'au-delà de moi la joie murisse
gonfle dans l'espace
Vienne dire ses secrets au grand jour
Et me laisse aux portes d'un pays
Dont on a oublié le nom

Le plus souvent nous ne sommes pas au monde
On passe son temps
Fourmis affolées toujours en quête d'autre chose
Que ce qu'on est
          que ce qu'on a
On court après l'ombre de qui nous sommes
Heurtés en permanence par tout et par tous
On refoule hors du monde une vie qui ne demande
                                        qu'à naître
Et à faire de nous une flamme neuve

Qui a-t-il au centre de la vie d'un homme
Hormis le corps dans son immensité
Cette rivière première dont le destin est de passer
                                                de changer
Et de multiplier à l'infini les raisons de dériver au hasard
Du côté dont on ne peut rien savoir

J'aime ce qui est lent
M'est réel sensible utile
Retourne au corps
Libère l'inconscient comprimé
Et s'éparpille en signes au cœur d'un jour
Qui se décline en musique d'ailleurs

Je veux vivre
        c'est tout
Non pas raisonner mais résonner
M'en donner à cœur joie
Tout regarder tout écouter tout ressentir
Devenir cet espace que toute chose traverse
Ce corps aimé de l'air à qui tes yeux portent le soleil

Ici
Tout change
Le monde en moi le monde autour de moi
Tout voyage ne cesse de naître de disparaître
Se retire s'efface fait silence
Et se consume à l'instant d'être dit
Dans l'œil d'un feu sans mémoire

Détaché et libre
Silencieux comme un rêve
Ton corps resplendit de respirer si fort
Ensemence l'amour quitte son je
                                        sort de ses regrets
Et avec des gestes d'ailleurs
Se dégage de tout ce qui n'était que le reflet de lui-même

Seul sans rien attendre
Je me sens doux
            plein de joies
Lutter contre tout ce qui est
Domestiquer la nature
Instaurer une société plus juste
                      ne m'intéresse pas
Espérant ce qui adviendra
Je m'émerveille de tout ce qui m'entoure
M'étonne de tout ce qui me constitue
Et salue à chaque pas le grand miracle d'être en vie

Ici
Une fois allongé sur un banc
J'oublie qui je suis
Ne veut plus savoir qui j'ai été
Éprouve un bonheur qui me donne envie de crier
Et de boire sans avoir soif le privilège de vivre

Qui suis-je
Jour après jour je me le demande
À dire vrai
Je ne suis rien
Ne représente rien
Je n'ai en vérité rien de spécial à dire
Rien qui vaille le détour
Je ne suis que le canal de la vie
                    son instrument
Un cheminement écrit nulle part
Le lieu-dit d'un déséquilibre constant

Le monde où je ne suis pas
M'intéresse au plus haut point
Je perçois sa respiration
Nulle part on ne peut mieux le voir qu'ici
                    sur ce chemin non tracé
Où je ne suis plus maitre de la situation
Et cherche à faire le vide
Autour de ma petite personne occupée

Face à la mer
J'écoute s'accomplir dans la vague
Un mot qui n'a pas de forme prononçable
A le savoir du plus profond des coraux
                        se pense en lumière
Et dit le monde sans moi

Ici
Les gens ne sont que paroles
De leur propre histoire ils ne sont que les fantômes
Refusant ce qu'ils sont
Ils ne voient que ce qu'ils peuvent ou souhaitent voir
La vie qu'ils mènent n'est qu'une mascarade
d'actes et de sentiments
Pourtant il suffirait que leur corps déborde
Prenne son image dans un miroir sans fond
Pour que la danse règne en leur espace
Et qu'au cri strident d'un oiseau de passage
le monde leur saute aux yeux

À l'équinoxe du printemps
Méditer sur le destin d'un ruisseau
Sur la clarté de son eau pure et limpide
Pour voir en soi-même que le vide
Est le nom de celui qui donne de l'espace
                                        n'a pas d'œil
Et raffermit la braise du vœu de vivre sans mourir

Ici
On sait faire un pas de travers
On voit les choses comme elles sont
On est tout ce qui partage avec nous la ferveur d'exister
Force les mots à accepter leurs limites
                                        leur part de convention et d'usure
Pour ouvrir une route
Qui ne raffole pas de la paix des images
Et offre à nos yeux le plaisir de ne rien comprendre

Ici
Toucher un arbre me fait du bien
M'envoie je ne sais où je ne sais quand
M'oblige à me taire
Et à fouler les graviers d'un temps
N'ayant pas effacé de ses yeux
toute la beauté du monde

À qui et à quoi as-tu donné ton temps
Toi qui fais mine de tout comprendre
Ne supporte pas d'être autre chose qu'hier
Ne voit plus rien du présent
Est anxieux de te retrouver seul
Et te décharge du fardeau d'exister
en convoquant un idéal
Qui n'est qu'invention humaine
formulation d'un caprice infantile

Ici
On s'ajuste à ce qu'on fait
Multiplie les voies de respiration
                    les petites folies
On ne lit aucune définition
Et laisse épanouir son corps triomphant dans des espaces
Que personne ne regarde

Tandis que je laisse aller ma plume sur le carnet
le poème s'écrit
Suit l'espèce de pente qu'est ma propre vie
Pour atteindre le fond insensé de mon être
Ému jusqu'au larmes de s'éveiller de son pesant sommeil
Et de s'en aller d'un pas léger vers une autre façon d'être

Ici
Nul mystère
Si ce n'est la réalité qui bouge
                                        perd le fil
Va si loin que l'œil a des visions soudaines
Jette aux orties ses idéaux
Et ouvre un angle à partir duquel
On réussit à s'écarter de soi

Mordre une pomme
C'est comme appréhender le monde
dans sa fraîcheur originelle
Donner un regard à son désir
Voir en soi-même que tout ce qu'on a toujours voulu
est là
Et que rien de ce qui périt n'a de prise sur soi

Écrire n'est rien
C'est vivre qui importe
Plutôt que de bâtir un mur de signes entre la mort et soi
D'accorder à des fantômes de papier
            l'existence qu'on s'est refusée
Pourquoi ne pas un instant fermer les yeux
Laisser sa respiration faire doucement son chemin
Et entrer dans la chair de ce qui chaque jour
Nous tire avec les cordes de sa chaude lumière

Je le sais bien
Un jour ma vie me laissera tomber
Pourtant une petite voix en moi
Me suggère d'assumer le monde tel qu'il est
Et tel qu'il ne me plait pas
de prendre plaisir à tout
D'aller oiseau joyeux me poser sur un poème
Toujours amoureux du lever du soleil
Et d'un pays d'ailleurs où l'on devient plus que soi

ICI
de
Pierre Schroven

l'Arbre à paroles

ISBN : 978-2-87406-703-7
Dépôt légal : 2021/2292/01

www.maisondelapoesie.com